Wilfried Diesterheft-Brehme, Uwe Matysik

ICH BIN... Jesus Christus

Glaube und Kunst im Dialog

www.tredition.de

Verlag und Druck: tredition GmbH, Halenreie 40-44, 22359 Hamburg

ISBN
Paperback: 978-3-7497-6674-1
Hardcover: 978-3-7497-6675-8
e-Book: 978-3-7497-6676-5

Inhalt

Schwarz

Licht

Grau

Leuchten

Alle

Möglichkeiten

Geleitwort von Marion Greve

Liebe Leserinnen und liebe Leser,

„Im Anfang war das Wort"!

So beginnt das Johannesevangelium. Das Neue Testament erzählt uns mit diesem Beginn gar nichts Neues, sondern es geht um die Schöpfungserzählung der Hebräischen Bibel. Die nämlich beginnt mit den Worten: „Am Anfang schuf Gott Himmel und Erde. Und die Erde war wüst und leer, und es war finster auf der Tiefe; und der Geist Gottes schwebte auf dem Wasser. Und Gott sprach: Es werde Licht! Und es ward Licht." (Genesis 1, 1-3)

Wenn in dem Ihnen vorliegenden Buch Glaube und Kunst in einen Dialog treten, dann schwingen für mich diese beiden Anfänge mit.

Ich bleibe bei Worten hängen – bei den „Ich bin-Worten", die von den beiden Gestaltern in Szene gesetzt und interpretiert werden. Wort - Symbol - manchmal auch Farbe. Zwischen den biblischen Auslegungen von Pfarrer Uwe Matysik und den Bildern von Pfarrer Wilfried Diesterheft-Brehme entsteht eine Beziehung, die ich mit meinen Gedanken fülle. Häufig landen sie dann beim Anfang. Beim Anfang des Johannesevangeliums, beim Anfang des Buches Genesis und beim Anfang des Wirkens Gottes, der uns ins Leben ruft und uns in seinem Sohn das Leben zeigt.

Liebe Leserinnen und liebe Leser, lesen Sie und schauen Sie – es gibt viel zu entdecken.

Ihre Superintendentin Marion Greve, Evangelische Kirche in Essen

Geleitwort von Werner Sonnenberg

Was hat Kunst mit Kirche zu tun? Meine Antwort ist lapidar: Wäre die Kunst nicht, dann gäbe es die Kirche nicht. Die Kirche wäre in ihren Anfängen mit ihrem kleinen Häuflein Gläubigen untergegangen. Denn unbestritten ist, dass über die Jahrhunderte Baukünstler als Architekten das Gebäude Kirche mit einem besonderen spirituellen Raum in die Mitte unserer Städte und Dörfer setzten. Die Innenräume wurden bildnerisch mit christlichen Kunstwerken ausgestattet. Es entstand die Kirchenmusik. Die Künstler dieser Zeit waren von einer tiefen Frömmigkeit geprägt.

Für Kunstschaffende ist Kirche heute ein Ort, der für sie ebenso reizvoll sein kann wie Museumsräume, ehemalige Fabriken oder sonstige Orte. Das spürt man auch bei den Installationen von Wilfried Diesterheft–Brehme. Auf eindrucksvolle Weise gibt er in Bild und Wort auch Antworten auf die Frage: Was hat Kirche mit Kunst zu tun?

Zeitgenössische Kunst lässt die Ahnung aufkeimen, dass es etwas gibt, was wir auf den ersten Blick nicht wahrnehmen. Bilder, Skulpturen, Installationen und Videos eröffnen die Sicht hinter die Kulissen, auf eine andere Dimension, in eine fremde Welt. Künstlerinnen und Künstler stellen in ihren Werken existentielle Fragen. Lebensbedingungen oder die Achtung vor dem Leben werden pointiert.

Hier liegen die Berührungspunkte zwischen Kunst und Religion und zwischen Kunst und Kirche. Einmal der Hinweis auf eine andere Perspektive. Dann der Verweis auf die Fremdheit Gottes. Kunst und Religion wollen beide von dem Nichtsagbaren, immer wieder auch vom Unbedingten der Dimension Gottes etwas ausdrücken.

Zum Existentiellen gehört der Anstoß, den Wert des Lebens und des einzelnen Wesens nicht außer Acht zu lassen. Ein letzter Berührungspunkt ist, dass Kunst einen schöpferischen Kraftraum schafft und insofern Ausdruck des Menschen als Ebenbild Gottes ist.

Werner Sonnenberg, Pfarrer (Kirchengemeinde Essen–Frohnhausen) und Kunstkurator

Zu Entstehung und Gebrauch dieses Buches

Kunst in der Kirche verändert den sakralen Raum und eröffnet vielfältige Resonanzmöglichkeiten. Kunst ist Kommunikation, soll zum Dialog anstiften, in sich selbst und mit anderen. Kunst ist nicht stumm, sondern eigenARTig beredt. Sie weist auch auf das, was nicht gesagt werden kann oder darf. Insofern ist Kunst ein Zwischenraum. Und eben darin entwickelt sich in allen Sinnen, mit denen Kunst wahrgenommen werden kann, eine besondere Weite. So sind Kunstwerke entstanden, die in, mit und unter kirchlicher Architektur, Position beziehen. Um diese Position zu variieren, sind zu den Kunstwerken Predigten, Textcollagen und Gedichte entstanden. Sie sind keine Interpretationen, sondern Assoziationen und Resonanzen. Sie berühren also etwas von dem, was in den Kunstwerken enthalten ist; sie vertiefen und erweitern den Blick, sind Angebot zum Gespräch über den Glauben.

Die in diesem Buch abgebildeten Kunstwerke beziehen sich dabei auf Texte der Evangelien und der Apostelgeschichte. Deren Verfasser haben in den Jahren zwischen 65 und 100 nach Christus keine Tatsachenberichte geschrieben. Sondern sie haben mit ihren Texten versucht, die gute Nachricht von Jesus in den Kontext der jeweiligen Lebens- und Gemeindesituation hinein zu formulieren. Sie taten das in tiefer persönlicher Glaubensüberzeugung und zur Stärkung der Menschen, die auf unterschiedliche Weise mit dem Glauben in Berührung gekommen waren. Sie nahmen in den Erzählungen solche Situationen und Erfahrungen auf, die die Menschen zutiefst beschäftigten. So konnten sie zur Glaubensvergewisserung beitragen.

Die neutestamentlichen Synoptiker Matthäus, Markus und Lukas bieten eine gemeinsame Schau des Lebens Jesu. In der Auswahl und Abfolge der Stoffe zeigen sie viele Übereinstimmungen. So zeichnen sie den Weg Jesu von der Wirksamkeit in Galiläa nach Jerusalem bis nach Golgatha.

Demgegenüber zeichnet Johannes ein anderes Bild des Lebens Jesu: Er berichtet von drei Jerusalemreisen und drei Passahfesten, während die Synoptiker nur je einmal davon erzählen. Außerdem finden sich statt der synoptischen Gleichnisse bei Johannes mehrere Bildreden, denen auch die Ich Bin-Worte zuzuordnen sind. Diese überlieferten Texte wollen in ihrer theologischen Eigenart wahrgenommen und verstanden werden. Sie gehören aber nicht nur der Vergangenheit an, sondern entfalten ihre Bedeutung in die Gegenwart hinein. Auch heute noch schöpfen Christen in aller Welt aus der Person Jesu ihre Kraft, ihre Freude und ihre Motivation zur helfenden Nächstenliebe. Sie tun das im Glauben an Gott, der seine Liebe in Jesus Christus offenbart hat.

Die Predigten, Textcollagen und Gedichte wollen mit Blick auf die Kunstwerke einen Beitrag dazu leisten. Sie sind entstanden und formuliert aus der Praxis für die Praxis in Kirchengemeinde, Krankenhaus, Altenheim und anderen Begegnungsorten im Kontext des christlichen Glaubens. Sie sind geeignet zur Verwendung in Gottesdiensten, Andachten und Gesprächskreisen. Insbesondere die Textcollagen und Gedichte können mit meditativer Hintergrundmusik unterlegt und vorgetragen werden. Als Zwischentöne sind auch Orgelimprovisationen geeignet, die EigenART der Bilder und Texte wahrzunehmen.

Insofern sind die Worte dieser Texte letztlich nicht festgelegt, sondern tragen die Möglichkeit zur Wiederholung, Veränderung, Abwandlung und Verwandlung in sich. Wer weiß schon, was dabei und daraus werden wird… im Spiel mit den Möglichkeiten.

Denn Kunst ist auch Vertrauen in die zufällige Leidenschaft. Und es bleibt spannungsvoll, ob und wie sich dann christliche Tradition und Kunst miteinander vertragen. So vieles liegt in der Wahrnehmung der Beteiligten, die so sind, wie sie sind: ICH BIN – genau das bleibt wichtig.

Wilfried Diesterheft-Brehme und Uwe Matysik
Düsseldorf / Essen 2019

Wilfried Diesterheft-Brehme
Wie Kunstinstallationen im Kirchraum entstehen

In Kirchen ist ganz viel Platz für Persönliches, für Energie und Erschöpfung, für Glaube und Zweifel, für Lob und Klage, für Angst und Geborgenheit, in Verstand und Gefühl. Kirche ist ein Resonanzraum, um das Eigene zu entdecken, ihm nachzuspüren und es zu entfalten. „Es ist aber noch nicht offenbar geworden, was wir sein werden", heißt es im 1. Johannesbrief 3, 2. Aber etwas davon ist schon da, wird sichtbar, auch und besonders in und durch die Kunst.

Kunst stiftet dazu an, über sich selbst hinauszublicken, um Glauben zu erleben, ohne Festlegungen und ohne Einengung. Und mit aller Unberechenbarkeit, Unvorhersehbarkeit, Unklarheit und Ungewöhnlichkeit, die Gottes Geist dafür herbeiweht.

Kunst in der Kirche ist Interaktion, befragt den Raum und bezieht Position. Sie spielt mit den Möglichkeiten und schafft neue. Sie ist dabei abhängig von den Gegebenheiten und Befindlichkeiten. Und darin bleibt sie gleichzeitig radikal unabhängig und losgelöst von allem, was ist. So füllt Kunst Zwischenräume und schafft neue. Sie lädt ein zur Kontroverse, zum Widerspruch und Zuspruch und sagt viel mehr als tausend Worte. Denn sie selbst hat eine eigene Sprache und die kann zur Botschaft des Glaubens werden.

Beim Projekt Kirchrauminstallation geht es mir darum, die gewohnte Perspektive im Raum zu verschieben, zu ersetzen, zu durchbrechen, aufzuheben. Es ist die Schaffung einer Projektionsfläche für Reflexionen unterschiedlichster Art, ist Einladung zum theologischen Diskurs, ist Impuls zur Interaktion. Die Besucher kommen aus ihrer alltäglichen Lebenswelt und erfahren mit dem Eintreten in den künstlerisch veränderten Raum selbst eine Veränderung.

Für die Dauer des Verweilens im Kunstraum Kirche wird jede und jeder herausgefordert: Was sehe ich hier? Wie war der Entstehungsprozess? Welche Resonanzen spüre ich? Inwiefern erkenne ich mich selbst wieder? Wer bin ich? Was zieht mich an? Was stößt mich ab? Wo finde ich meine

Position im Raum? Wo möchte ich länger verweilen? Was nehme ich mit? Was möchte oder könnte ich anderen mitteilen?

Meine Kirchrauminstallationen unterstützen diesen Prozess der Interaktion, indem sie den Besuchern spielerische Angebote machen: Wortelemente, Fragmente von Exponaten werden in kopierter Form am Eingang verteilt. Die Besucher können sich auf den Weg machen, um Elemente (wieder-) zu entdecken und sich darüber mit anderen auszutauschen. Oder es gibt die Erlaubnis, sozusagen als „Spielregel", bestimmte Kunstobjekte zu ergänzen oder neu zu positionieren, den Raum weiter zu verändern. So haben Besucher die Option zu Akteuren zu werden, und damit temporär zu einem Teil der Installation.

Wenn ich mich auf den Weg mache, einen Kirchraum künstlerisch umzugestalten, steht die Frage im Vordergrund, wie der Raum zu mir spricht. Mein Werk ist eine Reaktion auf den Raum. Und gleichzeitig wird der Raum auf mein Werk reagieren. Durch die künstlerische Installation soll eine neue Raumqualität entstehen, wobei es sich weiterhin um einen sakralen Raum handelt, der für Gottesdienste und andere Veranstaltungen genutzt wird. Es ist eine große Herausforderung, der ich mich stelle, insbesondere wenn die beauftragende Institution ein Thema vorgibt.

In jedem Fall verbringe ich viel Zeit im zu gestaltenden Raum, nehme Kontakt auf, prüfe die Lichtverhältnisse im Tagesverlauf, nehme wahr, wie sich der Raum verändert. Mit Zollstock und Kamera werden Raumachsen, Maße und Positionen festgehalten und sind im Entstehungsprozess jederzeit abrufbar. Ich schaue nach Befestigungsmöglichkeiten an Wänden und Decken. Sind Nägel, Schrauben und/oder Haken vorhanden, die für Hängungen genutzt werden könnten? Dürfen in Absprache mit dem Auftraggeber zusätzliche Befestigungen angebracht werden? Muss nach dem Abbau alles wieder in den früheren Zustand gebracht werden oder soll die Installation dauerhaft dort bleiben? Diese Vorgaben und Gegebenheiten sind genauestens mit zu bedenken.

Ist der Raum sozusagen mit allen Sinnen eingescannt, beginnt die lange Phase des inneren Dialoges. Es ist eine Zeit des Sammelns von Materialien und Möglichkeiten, des Ausprobierens im Atelier, des Sammelns und Verwerfens, des Anhäufens und des Abbauens. In kleinen Skizzen halte ich meine Vorüberlegungen fest, aber der Prozess bleibt Improvisation. Eine Zeit der spielerischen Freiheit, des kreativen Experimentierens mit Material und Möglichkeiten, wo vieles sich konkretisiert und auf die konkrete Umsetzbarkeit im Raum hin überprüft wird – und sich schließlich so reduziert und verdichtet, dass das Wesentliche sichtbar werden kann. Es ist der Weg zur eigenARTigen Botschaft, die sich allerdings nur begrenzt in Worte fassen lässt, sondern sich selbst aussagt in der realisierten Installation. Wobei der Raum das Eigene dazu beiträgt, sich selbst aussagt.

So bewegt mich eine Hoffnung; denn noch ist ja nichts vor Ort entstanden, sondern nur in meiner Vorstellungskraft. Und erst das tatsächliche Zusammenspiel von Formen und Farben im Raum führt zur Entfaltung des Eigenen, vielleicht ganz anders als geplant. Letztlich war es bei fast jeder meiner Installationen so, dass es anders kam. Ob eine Installation funktioniert, entscheidet sich also erst beim Aufbau, und selbst dann kann noch viel Veränderung passieren. Es bleibt ein spielerischer Dialog mit den Möglichkeiten des Raums, ein Weglassen, Zurechtrücken und Hinzufügen.

Uwe Matysik
Einführung zur Kunstinstallation ICH BIN

Ich bin der, der ich geworden bin – durch Lebenserfahrungen, die Spuren hinterlassen haben, die mich mitgeprägt haben; durch ein bestimmtes Umfeld, das ent- oder ermutigen kann, das blockiert oder Potenzial abrufen hilft, durch (weniger) gute Gewohnheiten; durch das, was beseelt, bestärkt, beflügelt.

„Ich bin" ein Stück Schicksal, durch das, was mir widerfahren ist; durch das, was ich gestaltet habe (gemeinsam mit anderen), und mit dem, was ich zu verantworten habe.

Ich bin jemand, die/der Kontakt und Austausch braucht, ein Gegenüber, durch das ich mich entwickeln, wachsen und lernen kann.

In der Kapelle des Evangelischen Krankenhauses der Huyssens–Stiftung in Essen hat der Künstler Wilfried Diesterheft-Brehme eine Kunstaktion mit Licht und leichtem transparenten Chinapapier installiert. Im Blick auf die biblischen Szenen und Texte der eindrucksvollen, farbigen Kapellenfenster gestaltete der Künstler eine leichtsinnige Interaktion. Er stellte einen thematischen Bezug zu den sieben Ich bin–Worten Jesu im Johannesevangelium her, die sich bewegen lassen und in Bewegung bringen:

Ich bin die Tür
Ich bin der gute Hirte
Ich bin der wahre Weinstock
Ich bin das Brot des Lebens
Ich bin die Auferstehung und das Leben
Ich bin der Weg, die Wahrheit und das Leben
Ich bin das Licht

Die Installation lief auf ein luftig leichtes Kreuzbild zu, das im Altarraum schwebt. Dort wurden Fragmente der sieben Ich bin–Worte zusammengefasst dargestellt. Die rote Farbe gab den Ton an. Sie vermittelte Energie und Wärme. Sie stellte Bezüge zu Pfingsten her, dem Fest der Verständigung und der Geistesgegenwart, der Kommunikation und des Aufeinander-Zugehens.

So erschien das Geschehen von Sterben, Tod und Auferstehung Jesu Christi wahrhaftig als heilvolle, heilende Botschaft.

So wurde dieser Ort zu einem Kraftraum. Die Bildbahnen zu den Ich bin–Worten Jesu haben unsere Krankenhauskapelle und alle, die sie in diesen Wochen besucht haben, enorm bereichert und vielfältig ermutigen, trösten und inspirieren können. Wir haben Großformatiges und beinahe Unsichtbares entdecken können. Die Installation „Ich bin" hat zu einer Positionsbestimmung eingeladen - darüber, wer ich bin, wer ich sein und werden möchte….

Kreuz, Linoldruck auf Chinapapier, 90x250 cm

Wilfried Diesterheft-Brehme
Predigt Johannes 19, 16b „und er trug sein Kreuz"

Schauen wir auf das Kreuz. In der Mitte treffen sich zwei Buchstaben-Linien. Sie zeigen zwei Grundrichtungen. Da ist die Linie von oben nach unten. Darin verbindet sich das Transzendente, das Göttliche, mit dem Irdischen. Und dann die waagerechte Linie, von links nach rechts beziehungsweise von rechts nach links. Sie steht für unsere Verbindungen im zwischenmenschlichen Bereich.

In der christlichen Theologie wird das Zusammenspiel dieser beiden Linien betrachtet.

Stellen wir uns vor, es gäbe nur die waagerechte Linie, nur den zwischenmenschlichen Bereich - so fehlte dem Leben die religiöse Dimension. Und gäbe es nur die vertikale Linie, nur die persönliche Beziehung zu Gott und sonst nichts - so fehlte dem Leben die Dimension christlicher Nächstenliebe.

Erst das Zusammentreffen der beiden Linien ermöglicht ein harmonisches Leben — vielfältig, bunt wie die Farben auf dieser Bildbahn. Erst die ausgewogene Balance ermöglicht ein Leben im Sinne der zehn Gebote.

Es scheint damit ja alles klar zu sein; ist es aber nicht. Denn es gibt Zeiten, da verstehen wir Gott nicht. Er scheint gar nicht mehr da zu sein.

Wo war Gott? – eine Frage, die oft und mit Recht gestellt worden ist, im Blick auf Krieg, Verfolgung und Vernichtung.

Wie kann es sein, dass Menschen so viel Böses tun?

Ich erinnere an unsere nationalsozialistische Vergangenheit, genauer gesagt: an die vielen Deutschen, die damals ab den 30er Jahren dazu beigetragen haben, dass Millionen Menschen vernichtet wurden - Juden, Roma, Sinti, Kriegsgefangene, Menschen mit Behinderungen, Kommunisten, Homosexuelle, Widerständler, Deserteure.

Das Schlechte, Schlimme, Grausame zum Ziel haben, was für ein abgründiges Vorhaben! Und was passiert, wenn viele auf diesem grausamen Weg sind. Das bekommt dann eine neue Dimension. Und genau das erschreckt immer wieder – beim Blick in die Geschichte der 30er Jahre bis 1945, Nazideutschland. Die Perspektive, dass es eben nicht nur die Funktionäre waren, die Menschen verfolgten und quälten. Sondern es gab auch unzählige Mitläufer und Wegschauer.

Wie konnte das geschehen? Wo war Gott? - Diese Fragen wiegen schwer und lassen uns bis heute in einer Ratlosigkeit. Gott schien nicht da zu sein. Das ist nicht zu begreifen!

Deshalb erscheint das Kreuz auf der Bildbahn der Kunstinstallation auch ungleichgewichtig, schwankend, fragil.

Vielleicht ist Gott ja doch nur eine Projektion unserer Wünsche und Bedürfnisse, wie einige Religionskritiker meinten. Und letztlich gar nicht existent. Nicht zu glauben!

Und wie ist das mit dem Gekreuzigten, mit Jesus Christus?

War er vielleicht doch nur ein vorbildlicher Mensch, der vor 2000 Jahren gelebt hat? Oder war er ein Befreier oder ein Revolutionär, oder ein Psychotherapeut oder ein Superstar oder ein Charismatiker? Schon zu Lebzeiten Jesu stand die Frage im Raum: Wer ist der eigentlich? Ist Jesus Tür, Weg, Hirte, Licht, Weinstock, Brot, Leben, Wahrheit oder Auferstehung? – So ist es auf der Bildbahn mit Linolfarbe gedruckt und verwirrend zusammengefügt.

Jesus Christus war schon damals eine Fläche für viele Projektionen. Schon in der frühen Christenheit.

Und was sollen wir heute dazu sagen?

Solche Fragen können uns zu schaffen machen, sogar das Gehirn vernebeln. Es scheint, als sei das Kreuz manchmal im Nebel der vielen Fragen verschwunden. Aber es bleibt trotzdem da – man muss nur lange genug warten, bis ein kräftiger Luftzug den Nebel vertreibt; dann kann man es wieder sehen.

Denn: Die Verbindung zwischen Gott und Mensch bleibt bestehen. Aber es kann sein, dass wir das nicht immer sehen, dass wir *Gott* nicht immer sehen. Solche Phasen müssen wir allerdings ertragen. Denn Gott ist und bleibt eben auch der Unbegreifliche.

Schwer zu begreifen ist auch, warum der Messias, der Sohn Gottes, der Herr, Jesus Christus sein Kreuz getragen hat und schließlich am Kreuz gestorben ist.

„Siehe", sagte er denen, die ihm nachfolgten, „wir ziehen hinauf nach Jerusalem, und der Menschensohn wird den Hohenpriestern und Schriftgelehrten überantwortet werden. Und sie werden ihn zum Tod verurteilen und werden ihn den Heiden überantworten, damit sie ihn verspotten und geißeln und kreuzigen; und am dritten Tage wird er auferstehen" (Matthäus 20, 18-19).

Aber das haben seine Jünger nicht verstanden. Jesus war nicht der erhoffte Superman. Sondern ein Looser! Katastrophal!

„und er trug sein Kreuz" – so heißt es im Johannesevangelium.

Völlig konsterniert mussten die Jünger zusehen, wie der Messias, auf den sie alle ihre Hoffnungen gesetzt hatten, der die verhassten Römer endlich vertreiben sollte, sein Kreuz getragen hat. Und das Kreuz war schwer, wog mehr als 130 Kilogramm. Deshalb brauchte damals ein zum Tode Verurteilter nur den Querbalken zu tragen. Der war immer noch sehr schwer. Zudem hatte man Jesus gefoltert. Und diese Tortur hatte auf seinem Rücken tiefe Spuren hinterlassen.

Dann wurde er auf Golgatha auf dieses Kreuz genagelt. Ein qualvolles Sterben lag vor ihm.

Das Christentum wurde zur Religion des Kreuzes; schon bald haben die ersten Christen in Jesu Kreuzestod die Vollendung seines Lebensweges gesehen. Aber es war schon erstaunlich und sehr gewagt: Ein Instrument der Todesstrafe, der Hinrichtung in einem religiösen Sinn zu deuten und zu verstehen. Schon damals wurde dieses Symbol von Nichtgläubigen oder Nichtchristen als skandalös, ärgerlich und blödsinnig bezeichnet.

So auch im Ersten Korintherbrief des Apostel Paulus bezeugt, der schreibt: „Denn das Wort vom Kreuz ist eine Torheit denen, die verloren werden, uns aber, die wir selig werden, ist es eine Gottes Kraft" (1. Korinther 1, 18).

Und es macht bis heute eine gewisse Mühe, Gottes Liebe und Nähe mit dem Kreuz in Verbindung zu bringen.

In den neutestamentlichen Schriften finden sich unterschiedliche Versuche, das zu erklären:

Da wird zum Beispiel gesagt, dass Jesus als der Gerechte den Fluch des Gesetzes auf sich genommen hat. Also: Stellvertretend erleidet der gerechte Jesus die Strafe, die eigentlich jeder Sünder bekommen müsste (Galater 3, 13).

Ein weiterer Gedanke: Durch Jesu Tod wird die zerstörte Gemeinschaft mit Gott wiederhergestellt. Christus ist dabei das Lamm, das die Sünde der Welt trägt. Dadurch wird ein neuer Bund mit Gott möglich (Matthäus 26, 28).

Dazu gehört auch der Aspekt der Versöhnung: Gott höchstpersönlich ergreift die Initiative, um sich mit den Menschen zu versöhnen, obwohl sie doch mit so viel Schuld behaftet sind (2. Korinther 5, 19f). Ja, Jesus tritt sozusagen an die Stelle der Sünder. So schafft Gott von sich aus Gerechtigkeit durch den Glauben.

Was also kann das Kreuz für uns bedeuten?

Ich denke, jede und jeder von uns hat sein eigenes Kreuz zu tragen: Sorgen sind bedrückend; familiäre Probleme machen das Leben schwer. Krankheiten, Streitigkeiten, Sterben und Tod. Es ist schon manchmal ein Kreuz, das wir im Leben zu tragen haben.

Doch im Blick auf das Kreuz Christi können wir darauf vertrauen: Gott ist uns im Leiden nahe. Wir können Gebete sprechen. Wir können ihm im Gebet unser ganzes Leid, unseren gesamten Frust, unsere tiefe Verzweiflung mit tausend Fragen entgegenschleudern. Er versteht uns. Er fühlt mit uns. Er hat sein Kreuz getragen. Er hat es ja am eigenen Leibe erlebt, was Leiden ist.

Und: Er gibt uns Kraft, unser Kreuz zu tragen, den Mut nicht zu verlieren. Ja, er macht uns sogar Mut, gegenseitig das Kreuz zu tragen, uns zu unterstützen, damit die Belastungen etwas leichter werden. Es ist also auch ein Sympathiezeichen. Sympathein (griechisch) heißt mitleiden. Jesus ist sympathisch geworden. Den Leidenden dieser

Welt sympathisch geworden. Er leidet mit. Und hilft uns persönlich, das Kreuz zu tragen. Diese Dimension bekommt von Ostern her eine ganz besondere Energie.

Deshalb ist die Bildbahn über dem Altar in der Kapelle dieses Krankenhauses farbig gestaltet, fragmentarisch bunt. Und sie ist beweglich; schon ein kleiner Luftzug bringt sie in Bewegung – zu beiden Seiten hin; und lässt das eine oder andere Wortfragment sichtbar werden. In Bewegung und bewegend.

ICH BIN das Brot des Lebens, Linoldruck auf Chinapapier, 100x250 cm

Uwe Matysik
Predigt Johannes 6, 35 „Ich bin das Brot des Lebens"

Brot ist das Lebensmittel schlechthin, oder? Früher ist das sicher so gewesen. Der religiöse Bezug erschien selbstverständlich, wenn das Brot etwa mit einem Zeichen des Kreuzes versehen wurde. In der arabischen Welt, aber auch in Südeuropa ist es bis heute so, dass Brot im Grunde zu jeder Mahlzeit mit dazu gehört. Brot ist dazu da, geteilt zu werden, sich in Lebensenergie zu verwandeln, neue Kraft und Gemeinschaft zu vermitteln.

Da ist der Gedanke naheliegend, dass Jesus hier mit Brot verglichen wird bzw. er selbst es so ausdrückt: Wie das Brot bin ich auch dazu da, mein Leben mit euch zu teilen, ja es „hinzugeben", damit Lebendigkeit und Hoffnung im Sinne Gottes gestärkt werden können.

Die Darstellung von Wilfried Diesterheft-Brehme könnte man als Blau-Weiß-Zeichnung deuten. Beim Brot geht es ums Ganze, um Alles oder Nichts. Das Innenleben dieses Wortes, die Buchstaben sind mit Licht und Leben erfüllt, die auch von links, vom Ursprung des Lebens her, aufleuchten. Der Hintergrund ist blau; sogar dunkelblau. Das Brot kontrastiert Licht und Leben.

In der Kirche wird das Brot als Sakrament verstanden — also als etwas, das Sichtweisen erweitern hilft und dem, was wir erleben und auch erleiden, eine tiefere Bedeutung geben kann: dass wir in Gottes Wahrnehmung geliebt und wertvoll sind und es unter allen Umständen auch bleiben; dass Böses in Besseres und sogar Gutes verwandelt werden kann; dass jedes Leben „heilig" ist, einen Wert und eine Würde in sich trägt, die zumindest in den Augen Gottes nicht verloren gehen können.

Das Abendmahl feiern wir nicht allzu oft mit unseren Mitarbeitenden hier in den Kliniken. Aber wenn es geschieht, erleben es die Beteiligten als einen Gewinn und etwas Kostbares: Wir sind tatsächlich miteinander verbunden, wirken miteinander, gehören zusammen im Dienst eines diakonischen Auftrages. Die Aussage „Ich bin das Brot" bleibt dabei der Bezugspunkt.

Blicken wir auf die Anfänge der Kirchengeschichte zurück, ist es ja tatsächlich so gewesen: Die frühe Kirche gewann gerade durch ihre diakonischen Aktivitäten Ausstrahlung und Attraktivität. Auch andere spürten: Die kümmern sich umeinander, für die Christen zählt offenbar jede und jeder – von denen, die zur christlichen Gemeinschaft gehören; aber auch darüber hinaus wird niemand ausgeschlossen. Die teilen im wörtlichen wie im übertragenen Sinn das Brot und den Kelch miteinander.

Und das hat Bedeutung auch in größeren Zusammenhängen. Wo Menschen das Brot teilen, findet „Communio" statt, wird Gemeinschaft gelebt. Da tauscht man sich aus. Da gibt es immer allerhand zu erzählen. Es gibt ja durchaus andere „Narrative"; d.h. Erzählungen, die in unserer Gesellschaft mit tonangebend sind. Manche Soziologen sprechen sogar von einem neuen Dualismus – zum einen im Blick auf die neoliberale Erzählung von den freien Märkten und des freien Datenflusses, in der vor allem Selbstoptimierung, Leistung und Erfolg zählen. Und dann bezogen auf die identitär und autoritär orientierte Erzählung, die tendenziell immer ausgrenzt und Gesellschaften spaltet.

Ob wir unseren christlichen Narrativ nicht viel deutlicher ins Gespräch und ins Spiel bringen müssten?! Die Erzählung, die hier ihren Bezugspunkt hat: „Ich bin das Brot – für euch...", die das Miteinander durch Solidarität stärkt. Die Erzählung, die Zusammenhalt fördert und entsprechende Signale setzt. Kein Zufall, dass ausgerechnet das Johannesevangelium nicht von der Einsetzung des Abendmahls berichtet; sondern stattdessen die Geschichte erzählt, in der Jesus seinen Leuten die Füße wäscht! Um ein Beispiel zu setzen und wohl auch einen Maßstab: Kommt einander entgegen! Bringt euch zuvorkommend in das Miteinander ein! Seid bereit, einer dem anderen dienlich zu sein, auch ungeplant und ohne, dass diese Geste irgendwo als Standard festgelegt sein muss.

ICH BIN das Licht, Linoldruck auf Chinapapier, 100x250 cm

Uwe Matysik
Predigt Johannes 8, 12: „Ich bin das Licht"

Die Bildbahn zu diesem Ich Bin–Wort erinnert an eine Filmrolle. Das war die Assoziation einer Konfirmandengruppe, die unsere Kapelle und diese Kunstinstallation besucht hat. Eine spannende Idee und

Inspiration der Jugendlichen, finde ich! So kann dieses Motiv anregen, über den eigenen „Lebensfilm" und das eigene Lebensskript nachzudenken.

Die Themen Lebensbilanz oder Zwischenbilanz sind im Krankenhaus sehr naheliegend. Der Aufenthalt bedeutet fast immer, eine nicht vorgesehene Unterbrechung und eine unwillkommene Auszeit in Kauf nehmen zu müssen. Tatsächlich treten für Menschen, für die dieses Thema unausweichlich geworden ist – weil sie etwa Patienten im Palliativbereich oder Gäste im Hospiz geworden sind - vor allem zwei Fragen in den Vordergrund:

Bin ich „ich" gewesen? Also – habe ich manches von dem zur Geltung bringen können, was mir wesentlich ist? Habe ich mich mit dem einbringen können, wofür mein Herz schlägt? Habe ich im guten Sinn zeigen können, was in mir steckt? Oder habe ich im Wesentlichen nur funktioniert, also das getan, was vorgegeben war, was von mir erwartet wurde?

Und die andere Frage, die dann im Vordergrund steht, heißt: Sind meine Beziehungen zu anderen Menschen (vor allem die, auf die es besonders ankommt) echt, kooperativ und lebendig (gewesen)? Habe ich Liebe erfahren und geben können?

Damit hängt es wohl vor allem zusammen, ob wir - wenn wir innehalten, wenn wir uns dem Ziel unseres Lebens nähern - mit unserem Lebensweg und mit unserer Lebensgeschichte ein Gefühl der Stimmigkeit, der Erfüllung und der Lebensvollendung verbinden können.

„Ich bin das Licht", sagt Jesus. Das wirft so sehr Licht auch auf uns, dass er an anderer Stelle sagen kann: „Auch ihr seid Licht." (Matthäus 5, 14). Also auch mit dem nur halb Gelungenen und halb Fertigen, mit manchen neuen Anfängen und wiederholten Versuchen.

„Ich bin das Licht". Es ist ein wärmendes, orientierendes und bestärkendes Licht. Der Apostel Paulus kann sogar sagen: „Ich bin zuversichtlich; ich bin gewiss, dass uns von Gottes Liebe, dass uns von seinem Licht nichts trennen kann." (nach Römer 8, 38+39).

Uwe Matysik
Predigt Johannes 10, 11+14 „Ich bin der gute Hirte"

Können wir mit diesem Bild heutzutage etwas anfangen? Passt das noch in unsere Zeit? Ist das Gefälle nicht zu groß beziehungsweise zu einseitig – zwischen dem dominanten Hirten und den Schafen oder sogar „Schäfchen", die ihm einfach zu folgen haben? Geht es nicht heute vor allem um Autonomie? Also mindestens darum, dass die, die sich am „Hirten" orientieren, von dessen Führung und Wegweisungen überzeugt sind und Selbstständigkeit wahren beziehungsweise immer wieder erlangen?

Insofern müssen wir meines Erachtens den Vergleich mit dem Hirten relativieren, das heißt: in Beziehung setzen zu unserem heutigen Verständnis der Rolle von uns Menschen – auch in Fragen des Glaubens und des Gottvertrauens.

Und doch glaube ich, dass der Vergleich mit dem Hirten auch für uns interessant und weiterführend sein kann! Denn der Hirte ist ja jemand, der guten Lebensraum im Blick hat, sich sorgt, sich um das kümmert, was anliegt und was Not macht. Er ist zugleich Weggefährte seiner Mitgeschöpfe. Und er kennt sie - und sie ihn umgekehrt auch, auch am Klang der vertrauten Stimme. Der Hirte kennt jedes einzelne Mitglied seiner Herde sozusagen persönlich. In der Regel haben alle Schafe einer Herde ihren Namen, den der Hirte nicht vergisst und mit dem er jedes Einzelne anspricht. Und im Johannesevangelium ist es ja ausgeführt: Der Hirte setzt sich für seine „Leute" ein. Er kämpft für sie. Er ist bereit, sogar – wenn es hart auf hart kommt – den höchsten Preis zu zahlen und sein Leben einzusetzen.

Das Hirten–Wort auf der Bildbahn von Wilfried Diesterheft–Brehme ist in roter Farbe auf weißem Hintergrund dargestellt. Also in der Farbe der Vitalität und der Energie, der Liebe und des Blutes. Für all das steht der Hirte Jesus in herausragender Weise. Die fünf Buchstaben HIRTE entdeckt man nicht sofort und unmittelbar. Das ist ganz realistisch; denn der Hirte befindet sich ja oft inmitten seiner Herde. Er ist beides: ihr Gegenüber und doch auch ein Teil von ihr. Der weiße, helle Hintergrund erinnert an das Fell der Schafe. Die feine Straffur könnte auf ihr helles Fell anspielen

ICH BIN der gute Hirte, Linoldruck auf Chinapapier, 100x250cm

Und passt der Vergleich nicht noch in anderer Weise zu uns? Das lateinische Wort für den Hirten heißt ja Pastor. Sind wir das nicht in einem weiteren Sinn selbst oder können es immer wieder werden? Da, wo wir Mitverantwortung tragen für gemeinsame Lebensräume; dazu beitragen (möchten), dass sich Lebensräume gedeihlich weiterentwickeln – in der Familie und im Beruf, in der Gemeinde und im Sportverein…

Hirte sind wir also in dem Sinne, dass wir uns um das kümmern, was nötig ist; in Kontakt zueinander bleiben, wenn es schwierig wird, wenn man vielleicht weglaufen möchte. Hirte sein kann bedeuten, sich dem anderen persönlich zuwenden – dem Partner, dem Kind, dem Kollegen – auch wenn man selbst denkt: Ach, das soll der andere doch jetzt machen. Stattdessen das suchen, was verbindet, was zusammenhält und unnötigen Schaden vermeidet.

Der Aufenthalt im Krankenhaus veranlasst manches Mal zu einer Bestandsaufnahme beziehungsweise zu einer eigenen Positionsbestimmung. Wer bin ich, wer sind wir - im Verhältnis zu diesem angebotenen Sinnbild des Hirten und des Schafes bzw. der Herde?! Was führt auf grüne Wiesen? Was zu Quellen, die ja lebensnotwendig sind?

Wie sollen sich die Schafe verstehen im Bereich des Gesundheitswesens: Sind sie dann Fälle oder gar Nummern in einer Kartei? Sind sie Kunden? Im Hospiz werden die, die dorthin kommen (müssen), gar als Gäste bezeichnet und verstanden. Das Wort Patient leitet sich von der Passion ab, von der Passion Jesu. Das bedeutet ja: Wo immer Menschen es schwer haben und Leid ertragen müssen, fühlt und leidet Gott mit. Es ist ihm alles andere als gleichgültig. Er nimmt Anteil. So sehr Anteil, dass der gute Hirte Jesus stellvertretend Leid und Schuld für die Menschen auf sich nimmt und erträgt.

Was hat es mit der Herde auf sich? In einer Herde läuft man einfach so mit. In einer Herde kann man schnell unter- oder auch verloren gehen. Zugleich denke ich, dass in einer Zeit der radikalen Individualisierung das Wort vielleicht auch freundlicher klingen kann. Es steht ja auch für Zugehörigkeit und für möglichen Zusammenhalt. In Großbritannien etwa gibt es inzwischen ja tatsächlich ein Ministerium für beziehungsweise gegen Einsamkeit. Das ist kein schräger Witz, sondern wohl vor allem ein aus überbordender Not getroffener Entschluss in einer Gesellschaft, in der sich viele Menschen voneinander isolieren.

Bemerkenswert finde ich: Die doch deutlich individualistisch ausgerichtete Generation Z, wie Soziologen es beschreiben, legt gleichzeitig Wert auf Struktur sowie auf die verbindenden Seiten des Internet und der neuen Medien und in diesem Sinn offenbar auf Gemeinschaft.

Insgesamt denke ich, dass für das Motiv des Hirten beides gilt: Es hat seine Grenzen und es kann Orientierungsfunktion gewinnen. Auch wenn wir an Erfahrungen denken, wie sehr gerade die Worte „Der Herr ist mein Hirte…" aus Psalm 23 insbesondere älteren Menschen Trost und Ermutigung vermitteln können. Und darüber hinaus ist ja beides wahr: Wir Menschen brauchen Unterstützung und Zuwendung. Wir benötigen Rückenstärkung, Wegbegleitung und Fürsorge. Und wir wollen auf eigenen Füßen stehen und nicht fremdbestimmt sein. Wir wollen aufrecht leben, innere Freiheit und Stärke spüren. Wir brauchen Autonomie und Fürsorge.

Sie haben die vom Künstler gestalteten ICH BIN-Zettel im DIN-A5-Format vor Augen, die der Künstler vervielfältigt und ausgelegt hat, und auf denen inzwischen viele Besucher unserer Kapelle die Frage für sich beantwortet haben: "Ich bin..?" Diese ausgefüllten Zettel hängen jetzt schon in großer Vielfalt an der Wand des Altarraums.

Ich nenne nur drei Antworten, die etwas von der Bandbreite der sehr verschiedenen Antworten andeuten: „Ich bin voller Angst – und zugleich mit Hoffnung gefüllt." „Ich bin verzweifelt oder der Verzweiflung nahe." „Ich bin ein Gottsuchender. Ich bin geborgen."

Und wir selbst? - An der Stelle des Hirten muss kein Vakuum stehen. Es gibt die Aussage über Jesus, die seine Wahrnehmung und sein Gefühl im Blick auf viele seiner Zeitgenossen beschreibt: „es jammerte ihn; denn sie waren wie Schafe, die keinen Hirten haben" (Markus 6, 34). Das ist ein bedrückendes Bild, eine letztlich erschreckende Vorstellung. In dieser Situation sind wir nicht - Gott sei Dank.

ICH BIN die Tür, Linoldruck auf Chinapapier, 100x250 cm

Uwe Matysik
Predigt Johannes 10, 9 „Ich bin die Tür"

Diese Bildbahn eröffnet den Raum; sie verschließt nichts. Zugleich bietet sie einen erkennbaren, klaren Rahmen.

Es ist sympathisch, wenn Menschen sagen: „Meine Tür steht dir offen!" oder wenn wir von einem Haus der offenen Türen sprechen. Zugleich kann es auch wichtig sein, die Tür manchmal hinter sich zu schließen. Wir brauchen das ja auch immer wieder: für uns und in Ruhe sein zu können. Gerade im Krankenhaus können offene Türen für Zuwendung und Fürsorge stehen; zu schließende Türen für Selbstsorge, für notwendige Schutzräume.

Türen sind beweglich. Sie sind Symbole für Verbindung und Bewegung – und genauso für ihr Gegenteil.

Krankheiten können Türen versperren; sie können Kontakte, Austauschmöglichkeiten und Lebensräume verschließen. Gut, wenn wir andere Menschen als zugänglich und aufgeschlossen erleben. Wenn Menschen überhaupt Worte füreinander finden, Blickkontakt aufnehmen, Hand in Hand zusammenwirken.

In der Arbeit von Diakonie und Caritas kommt es nicht allein darauf an, was auf den Türschildern steht, beziehungsweise was wir uns auf die Fahnen schreiben; sondern, ob Türen beweglich sind und was Menschen dahinter tatsächlich erleben können. Es geht im Zweifel mehr um die Umgangskultur als um das bloße Profil. Es zählt, welcher Umgang zu spüren ist und gepflegt wird; ob tatsächlich ein christlicher Geist zu spüren ist und Menschen verbinden kann.

„Ich bin die Tür." Wenn Jesus das so ausdrückt, sagt er zugleich Entscheidendes über Gott selbst. Denn Gott öffnet Türen. Er verschließt sie nicht. Damit Verbindung geschieht; damit in unserem Leben gute Möglichkeiten eröffnet werden können. „Klopft an, so wird euch aufgetan", sagt Jesus in der Bergpredigt. Im Lukasevangelium erläutert Jesus, was das für ihn bedeutet. Nicht, dass sich jede Tür immer sogleich für uns öffnet. Ja, manche mögen uns bis auf weiteres verschlossen bleiben.

Eine Tür wird auf jeden Fall geöffnet werden: die, durch die Gott uns seinen heiligen Geist zukommen lässt. Das ist für Jesus diejenige, auf die es vor allem ankommt. Damit wir geistesgegenwärtig und getrost sind und bleiben; niemals gottverlassen, sondern von ihm angenommen und begleitet – an jedem Ort und zu jeder Zeit.

Uwe Matysik
Predigt Johannes 11, 25 „Ich bin die Auferstehung und das Leben"

Die Gestaltung dieser Bildbahn weckt einige Assoziationen: Ganz unten ist ein schwarzer Bereich zu erkennen. Die Farben Rot und Blau geben allerdings den Ton an. Also die Farbe der Liebe, der Leidenschaft und der Vitalität – und die Farbe der Treue, der Tiefe und der Weite. Ist auf der Länge von unten nach oben ein Mensch zu erkennen? Oder ist es vielmehr ein Baum? Jedenfalls ist das ein Eindruck: Diese Bildbahn, die am wenigsten greifbar erscheint, vermittelt etwas Leichtes oder so etwas wie eine sanfte Wandlung.

Dabei bezieht sie sich auf eine Geschichte, in der Menschen bangen und hoffen. Die beiden Schwestern Maria und Martha kämpfen um das Leben ihres Bruders Lazarus. Die eine heißt Maria; sie ist kontemplativ und aufnehmend orientiert. Sie hat geöffnete, empfangsbereite Hände. Sie möchte in der Begegnung mit Jesus ihre Ressourcen erneuern. Die andere heißt Martha; sie ist aktiv und engagiert. Sie hat zupackende Hände und erweist sich als resilient. Ihr Bruder Lazarus ist dagegen definitiv am Ende der eigenen Möglichkeiten. Gerade haben die Schwestern von seinem Tod erfahren.

Dass Jesus sich um ihn kümmert, sich des Lazarus so annimmt, dass er ihn im Namen und im Auftrag Gottes von den Toten aufweckt, können wir auch als Freundschaftsdienst und aus der sie verbindenden Liebesgeschichte heraus deuten. Die alle drei einbezieht. Deshalb können wir diese Geschichte doch so verstehen, dass wir in allen drei Geschwistern etwas Eigenes erkennen können.

Jedenfalls sagt Jesus: „Dein Bruder wird auferstehen" – aus der Grabhöhle, aus dem Bereich des Todes. Das spricht er in der Autorität Gottes, der schon bei der Erschaffung der Welt sagte: Es werde

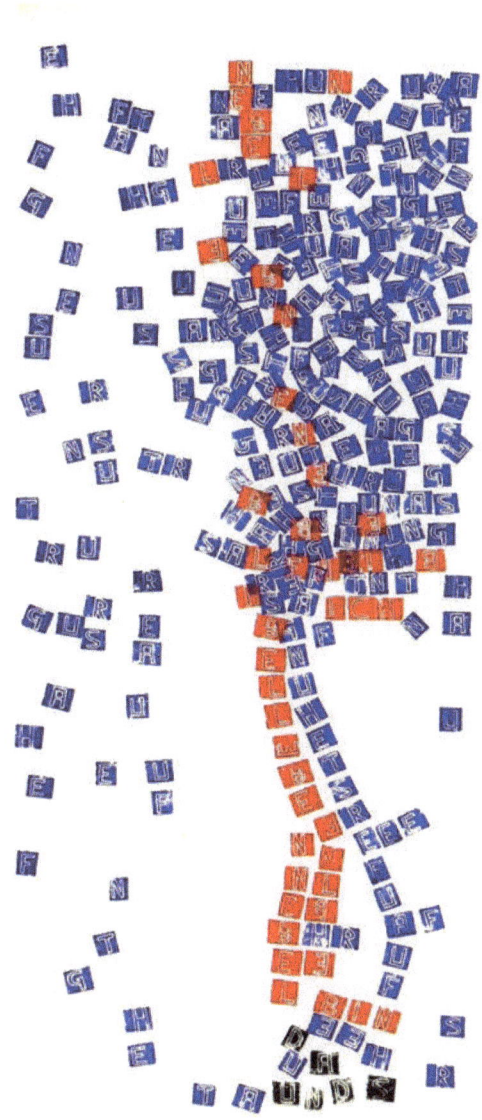

ICH BIN die Auferstehung und das Leben, Linoldruck auf Chinapapier, 100x250 cm

Licht. Es werde Leben - und es geschah so… Das kann doch bedeuten: Wenn ich Schweres erleide, oder sogar die Bedrohlichkeit des Todes erlebe, dann kann ich die Kraft in Anspruch nehmen, die in der Hoffnung liegt. Und ich kann darum bitten, dass sie stärker wird und Tragkraft gewinnt.

Und diese Geschichte können wir darüber hinaus auch als eine auf die Spitze getriebene Heilungsgeschichte lesen. Das Ziel der Heilung durch Jesus war der aufgerichtete, geistesgegenwärtige Mensch als Teil einer zugewandten, stärkenden Gemeinschaft. Das Wort „Therapie" kann ja auch den gärtnerischen Umgang mit der Erde bedeuten, mit dem eigenen Lebensraum. Für ihn zu sorgen bedeutet, den Boden zu bereiten für das, was dann in ihm gedeihen und wachsen soll – das ist eine spannende und lohnende Perspektive.

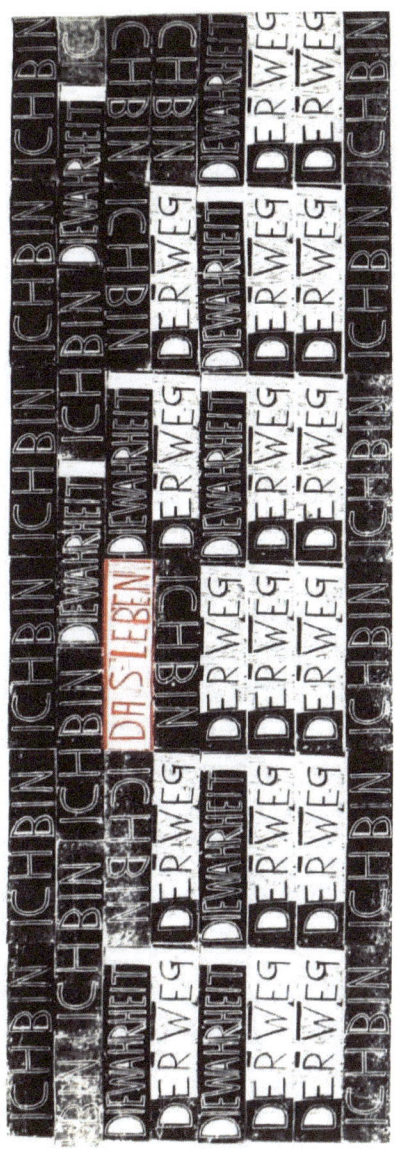

ICH BIN der Weg, Linoldruck auf Chinapapier, 100x250 cm

Uwe Matysik
Predigt Johannes 14, 6
„Ich bin der Weg, die Wahrheit und das Leben"

„Ich bin die Wahrheit." Das ist eindeutig und klingt exklusiv. Eine klare Ansage und Selbstaussage von Jesus dem Johannesevangelium zufolge. Gemeint ist damit ja allemal: Für Christen ist Jesus Christus die Brücke zum lebendigen Gott. Er ist die leibhaftige Verbindung nach oben.

Es ist ein anspruchsvolles Statement. Seine Wirkungen sind alles andere als harmlos und sie können herausfordernde Folgen haben. Daran hat der Künstler Wilfried Diesterheft-Brehme auch gedacht: Denn 1936, als die Kapelle hier gestaltet wurde, wurde ein anderer Wahrheitsanspruch konfrontativ dagegen gesetzt: Von so genannten Deutschen Christen, die im selbst ernannten „Führer" ein Offenbarungswerkzeug Gottes sahen. Die Hakenkreuzverzierungen an der Kapellendecke* sind ein unverkennbarer Beleg für das Bekenntnis zur damaligen nationalsozialistischen Gesinnung. Heute nehmen wir sie als Mahnmal an einen finsteren Teil unserer Geschichte wahr. Sie erinnern auf bedrückende Weise daran, dass Kirchengeschichte immer wieder auch Schuldgeschichte ist.

(* Anmerkung: Im Zuge von Renovierungs- und Umgestaltungsmaßnahmen in der Kapelle wurde die Hakenkreuze an der Kapellendecke nach dem Abbau der Kunstinstallation entfernt.)

Jedes der Ich bin–Worte Jesu erhebt unmissverständlichen Einspruch dagegen: Hier im gekreuzigten und auferstandenen Jesus Christus vermitteln sich Gottes Wesen und Wirklichkeit, seine Liebe und seine Wahrheit. Alles, was Wahrheitsanspruch erhebt, muss sich daran messen lassen. Das bedeutete in der Zeit der Bekennenden Kirche, dass der Wahrheitsanspruch im Zeichen des Hakenkreuzes als „falsche Lehre verworfen" (Theologische Erklärung von Barmen, 1934) werden musste. Vor diesem Hintergrund ist die kompromisslose Aussage Jesu „Ich bin die Wahrheit" hilfreich, heilsam und notwendig.

Die von Wilfried Diesterheft–Brehme auf dem Altar und an den Fenstern angebrachten Spiegel passen dazu; denn sie verändern den

Blickwinkel. Sie verrücken die Sichtachsen. Je nach Positionierung nimmt der Betrachtende den Raum anders wahr; auch die besagte Deckenornamentik.

Der Wahrheitsanspruch Jesu bedeutet nun ganz sicher nicht, dass die Christenheit ihn gewissermaßen für sich selbst einfach in Anspruch nehmen kann; dass wir als Christen Wahrheiten gepachtet hätten. Allzu oft ist das in der Kirchengeschichte auf fragwürdige und missbräuchliche Weise geschehen. Die Kreuzzüge oder eben die Verblendung der so genannten Deutschen Christen sind ebenso eindrückliche wie erschreckende Belege dafür.

In der theologischen Diskussion gibt es einige aktuelle Fragestellungen genau zu diesem Themenkomplex. Einerseits lässt dies Wort wenig offen. Es lässt womöglich gar keinen Spielraum zu: „Ich bin der Weg, die Wahrheit und das Leben. Niemand kommt zum Vater denn durch mich." (Johannes 14, 6). Jesus sieht sich als einzigen Zugang zu Gott. Anderseits lassen sich im Johannesevangelium auch andere Hinweise und Andeutungen finden, die diese Aussagen in einem anderen Licht erscheinen lassen können. Etwa, wenn Jesus immer wieder seine enge Bindung an seinen himmlischen Vater unterstreicht; gleichzeitig aber sagen kann: "Der Vater ist größer als ich." (Johannes 14, 28). Kann das ein Hinweis sein, dass Jesus dennoch nicht die gesamte Weite und Größe Gottes wiederspiegeln und verkörpern kann? Lässt sich das Bild der vielen göttlichen Wohnungen (Johannes 14, 2) vielleicht so lesen, dass Gott selbst aufgrund seiner Weite viele Wohnungen hat – also Orte, an denen er wohnt; weil eine einzige ihn nicht fassen könnte?

Gehen in diese Richtung nicht auch andere Perspektiven, die Jesus andeutet? Wenn er etwa sagt: „Ich habe euch noch viel zu sagen; aber ihr könnt es jetzt nicht ertragen. Wenn aber jener, der Geist der Wahrheit kommen wird, wird er euch in alle Wahrheit leiten" (Johannes 16, 12f). Das heißt doch: Obwohl Jesus sich als Weg, Wahrheit und Leben versteht, ist er sich dennoch bewusst, dass es eine Wahrheit und Weite gibt, die das, was in dieser Situation gesagt und verstanden werden kann, noch übersteigen wird. Jesus spricht von der Zeit des Geistes, die kommen wird; von der des Heiligen

Geistes. Ich finde, das sind sehr spannende Überlegungen, die in dem Sinn weiterführend sein können, dass sie die Komplexität Gottes vertiefen und die Kontakte und Verbindungen zu anderen Glaubensweisen erweitern helfen können. Das gilt in besonderer Weise für die Begegnung mit den Muslimen, die den Glauben an den einen Gott teilen und deren Glaubensdokument, der Koran, ja auch aus frühchristlichen Quellen schöpft! Ob sich die Zuwendung und Liebe Gottes hier nicht auf erweiterte Weise vermitteln können?

Das würde bedeuten, dass wir den christlichen Wahrheitsanspruch relativieren – und das heißt ja: in Beziehung setzen zu anderen Glaubenserfahrungen und Deutungen, die unseren bei genauem Hinsehen oft nicht fremd, sondern verwandt sind. Die Frage nach der Wahrheit wird im Johannesevangelium auch an etwas späterer Stelle wieder aufgenommen. Pilatus fragt Jesus unmittelbar: „Was ist Wahrheit?" (Johannes 18, 38). Jesus lässt ihm gegenüber keinen Zweifel daran, dass er sich von Gott in die Welt gesandt sieht, um dessen Wahrheit zu bezeugen und sie zu vermitteln. Pilatus, der die Frage nach der Wahrheit stellt – und sie offen lässt: Erscheint er nicht ziemlich modern und aus heutiger Sicht zeitgemäßer als Jesu Sicht? Ist die Zeit umfassender Wahrheitsansprüche nicht vorbei? Aber droht dann nicht umgekehrt eine Beliebigkeit und Positionslosigkeit, die erst recht verunsichert und viele anfällig macht für Wahrheitsansprüche, die kompromisslos und fundamentalistisch daherkommen?

Was lässt sich womöglich über ein christliches Wahrheitsverständnis heute sagen? Mir kommt die Frage in den Sinn, die von zwei biblischen Psalmen in derselben Weise gestellt wird: „Was ist der Mensch, Gott, dass du an ihn denkst?" (Psalm 8, 5 und Psalm 144, 3). Was ist die Wahrheit in den Augen Gottes über uns Menschen? Der Psalm 8 bedeutet: Du hast den Menschen wenig niedriger gemacht als dich selbst, Gott. Er ist dein Ebenbild. Er ist dein bejahtes und geliebtes Geschöpf, das du mit Würde ausstattest und mit Verantwortung beauftragst. Und der 144. Psalm vermittelt: „Der Mensch ist wie ein Hauch; er ist ein flüchtiges Wesen, das über seine Lebenszeit nicht verfügt. Er ist wie ein Schatten, der kommt und geht." (Psalm 144, 4). Die beiden Psalmen geben unterschiedliche Antworten. Widersprechen sie sich? Ich denke, dass sie einander ergänzen und unterschiedliche Antworten auf dieselbe Ausgangsfrage geben. Der eine wie der andere Psalm werfen doch ihr wahres Licht auf uns Menschen.

Dieses Bild vom Menschen vermittelt Wesentliches über das, was Wahrheit von uns Menschen in Gottes Augen ausmacht. Das bedeutet dann, dass wir begrenzte und nicht perfekte Persönlichkeiten sind und gleichzeitig für Gott wertvoll und einzigartig sind und es auch unter noch so belastenden Umständen bleiben, weil uns - mit Paulus gesprochen – nichts von der Liebe Gottes trennen kann, die in Jesus in einzigartiger Weise erkennbar wird (Römer 8, 38+39). Zur Wahrheit unserer Lebensbilanzen gehört auch, dass sie durch diese Perspektiven erhellt werden.

Der Künstler Wilfried Diesterheft-Brehme sagt:
Ohne Erinnerung keine Zukunft.
Ohne Gegenwart keine Vergangenheit.
Ohne Zukunft keine Ewigkeit.

Mir scheinen diese Worte auch bei der Suche nach dem weiterzuhelfen, was für uns „wahr" ist.

Uwe Matysik
Predigt Johannes 15, 1-5 „Ich bin der wahre Weinstock"

So eröffnet Jesus die Gleichnisrede im Johannesevangelium: „Ich bin der wahre Weinstock und mein Vater ist der Weingärtner."

Diese Bildbahn malt auf ihre Weise aus, was in diesem Evangelium ausdrücklich von Jesus Christus vermittelt wird: Gott ist sein Ursprung. An dessen Wesen hat Jesus Anteil. Auch er ist Licht vom Licht und wird wieder zu ihm wieder zurückkehren. Deshalb kann er diesen hohen Anspruch erfüllen und darum kann in ihm diese hoffnungsvolle Erwartung zum Ziel kommen.

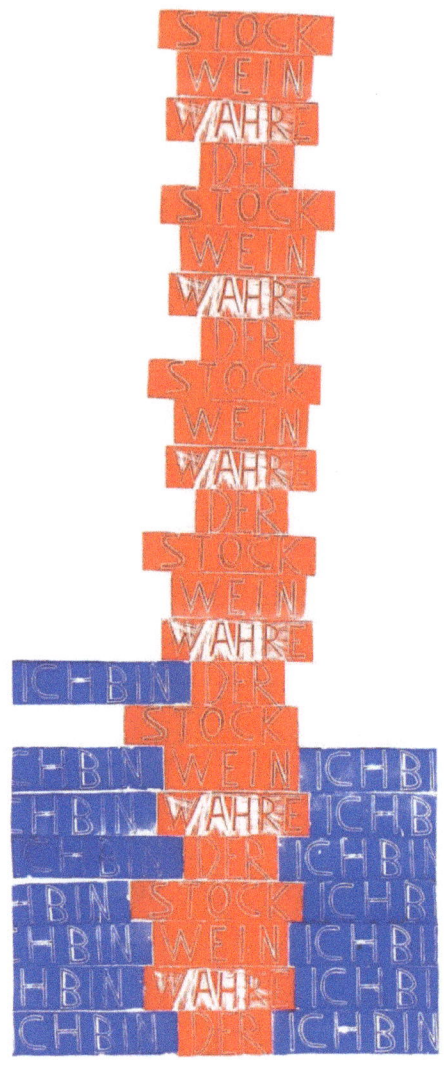

ICH BIN der wahre Weinstock, Linoldruck auf Chinapapier, 100x250 cm

Der Weinstock beziehungsweise Weinberg ist in der Geschichte Israels ein Sinnbild, ein Hoffnungssymbol, dass das Leben sich so gestalten wird wie es im Auge Gottes gedacht ist: Auf einem durch Gerechtigkeit und Verantwortung vor Gott und füreinander kultivierten Lebensraum und Boden kann sich das Leben der Menschen so entwickeln, dass sie in Saft und Kraft stehen, Lebensenergie fließt und sich die eigenen Anstrengungen als fruchtbar erweisen. In diesem Sinn sagt Jesus: „Ihr seid die Reben" (Johannes 15, 5).

Ein verlässlich, kompetent und dauerhaft gepflegter Weinberg bietet ein einladendes Bild. Wer ihn sieht und sich ihm zuwendet, hat Teil an einem beeindruckenden und wohltuenden Gesamtbild. Der Zusammenhang zwischen dem Beackern des Bodens, dem Hegen und Pflegen der Weinstöcke und der Reben, dem Wissen um die Notwendigkeit von viel Geduld und beharrlichem Dranbleiben, dem Eingreifen- und Beschneiden–Müssen und dem geduldigen Abwarten, dem Zusammenspiel von eigenem Tun und dem Geschehen-Lassen, weil Sonne und Regen das Ihre tun, dem Erfahrungswissen um Entwicklungen und den rechten Zeitpunkt – all das macht die Arbeit im Weinberg zu einem kunstvollen Handwerk.

Ein ungepflegter, womöglich verwahrloster und verwüsteter Weinberg ist ein schmerzliches Gegenbild. Bei den Propheten ist es ein enttäuschendes und erschreckendes Bild für mutwillig zerstörte Geschichte (etwa im so genannten Weinberglied, Jesaja 5, 1–7).

„Ich bin der Weinstock, ihr seid die Reben." Bei diesem Motiv geht es darum, dass Menschen der Verbindlichkeit und Fürsorge Gottes Resonanz geben.

Bilder von Weinbergen auf sich wirken zu lassen, kann gut tun. Weinregionen werden von Besuchern oft im umfassenden Sinn als Erholungsräume wahrgenommen. Es sind Orte und Lebensräume, in denen hart gearbeitet werden muss. Gleichzeitig ist in Israel beziehungsweise Palästina die Vorstellung, dass Menschen miteinander unter einem Weinstock sitzen, ein Sinnbild geteilten Friedens. Es steht für die Aussicht und Hoffnung auf ein Zusammenwirken von unterschiedlichen Menschen, in dem gelingende Verständigung und freundlicher Zusammenhalt möglich sind.

Der Weinstock und die Reben. Eine Vorstellung, die einlädt und inspirierend für das sein kann, was man Imagination nennt.

Hier geht es ja darum, sich zu vergegenwärtigen, wie wertvoll es sein kann, Bilder guter Orte vor Augen zu haben und damit ein Stück heilsamer Schöpfung; auch dann, wenn ich mich selbst gar nicht an diesem Ort befinde. Eine solche Vorstellung ist dann ein Gegengewicht zu anderen Bildern und Erfahrungen, die belasten, herunterziehen und furchtbar sein können. Heilsame Bilder dagegen können verschüttete Kräfte freisetzen, Blockaden auflösen und Energie ins Fließen bringen.

Es ist sicher kein Zufall, dass dieses Motiv vom Weinstock verknüpft ist mit einer ganz besonders entgegenkommenden Aussage Jesu seinen Leuten gegenüber. Er drückt damit aus: Ihr seid nicht meine Knechte oder Diener, sondern meine Freunde und Freundinnen.

Freundschaft ist nicht durch Befehl und Gehorsam bestimmt oder das Abarbeiten von Pflichten oder Standards; sondern hier geben Sympathie, Vertrauen und Weggefährtenschaft den Ton an. Wenn Jesu seinen Freundschaftszuspruch mit dem Hinweis „...wenn ihr tut, was ich euch gebiete" (Johannes 15, 14) verbindet, halte ich das nicht für widersprüchlich oder für eine Einschränkung dieses Angebots. Es geht ihm um dauerhafte und verlässliche Verbundenheit; um das Dranbleiben und darum, wirklich in Kontakt zu stehen. Es geht bei dieser Freundschaft, die Jesus ihnen anbietet und vorlebt, darum, füreinander da zu sein. Eine Freundschaftsbeziehung, die er konsequent bis ganz zuletzt durchhält.

Das ist ein Ausblick, der in der Begleitung schwer kranker und sterbender Menschen sehr unmittelbar werden und sich bewähren kann. In solchen Erfahrungen kann etwas davon deutlich werden, dass menschliche Beziehungen von Leuten, die sich noch gar nicht lange kennen, eine freundliche, ja freundschaftliche Qualität gewinnen können – also etwas, das sich ereignen kann, wo Menschen sich einander anvertrauen und sich in einer liebevollen und fürsorglichen Haltung begegnen und diese annehmen.

„Ich bin der Weinstock, ihr seid die Reben." Da, wo Menschen Wein und Brot miteinander teilen, ist erfahrungsgemäß ein besonderer

Ort, sich dieser Verbundenheit und Nähe zu vergewissern. Die Feier des Abendmahls vermittelt ja in besonderer Weise, wie in diesem Bild und dieser Erfahrung Heilsames und Versöhnliches übertragen werden kann; wie das, was Gemeinschaft und Lebensmut stärkt, spürbar und erlebbar werden kann. Das gilt den Reben untereinander und gleichzeitig im Blick auf ihre Verbindung zum Weinstock, aus dem sie Kraft und Leben beziehen.

Wilfried Diesterheft-Brehme

Einführung zur Kunstinstallation WAS WAR WAS BLEIBT

Ausgangspunkt einer Installation in der Evangelischen Versöhnungskirche in Ratingen war der Vers aus dem Markusevangelium 14, 34b.
Da sagt Jesus seinen Jüngern im Garten Gethsemane: „Bleibt hier
und wacht". Bald darauf wird er von Judas verraten und von römi-
schen Soldaten verhaftet. Jesus geht seinen Weg zum Kreuz, der
aber nicht der Schlusspunkt bleibt; sondern die Heilsgeschichte
nimmt ihren Verlauf in der Auferstehung und in dem Ereignis von
Pfingsten. ICH BIN WAS WAS WAR WAS BLEIBT ist im Zusammenhang
zu denken und zu sehen.

Entstanden sind großformatige Bildbahnen zu den biblischen Pas-
sions-, Oster- und Pfingsterzählungen. Das Papier wurde bearbeitet
und gefüllt mit Tusche, Moorlauge und Linolfarbe. Es wurde mit Ve-
hemenz gestrichen, gestreichelt, gedruckt und geknittert.

Es ist die Auseinandersetzung mit den existentiellen Fragen nach Tod
und Leben. Die Suche danach, was nach dem Tod am Leben bleibt
und ob schon jetzt etwas von davon sichtbar ist oder werden kann.

Das Beschädigte, Zerbrochene, Leidende, Fragmentierte drückt sich
leidenschaftlich aus und wirkte wie ein Kraftstrom in den Raum hinein.

Gethsemane, Linoldruck, Tusche und Moorlauge auf Papier, 120x300 cm

Wilfried Diesterheft-Brehme
Textcollage zu Markus 14, 32-42

Hier bleiben und wach sein

Wo gehen warum

Was sein und was wollen

Da sein und bald dort

Die Farben verändern

Grün blau und viel mehr

Vom Dunkel zur Hoffnung

Der Weg kommt zum Ziel

Was war und was bleibt

Hinterher

Kreuzigung, Linoldruck und Tusche auf Papier, 120x300 cm

Wilfried Diesterheft-Brehme
Gedicht zu Johannes 19

Verraten
Verachtet
Vergessen

Verspottet
Verprügelt
Verletzt

Verleugnet
Versteckt
Verdreckt

Verdreht
Versucht
Entdeckt

Den
Vater
Den
Sohn
Und
Den

Geist

Unendlich
Tröstlich

Vor dem Grab Jesu, Linoldruck, Moorlauge und Tusche auf Papier, 120x300 cm

Wilfried Diesterheft-Brehme
Textcollage zu Johannes 19, 38 – 20, 10

Der Leichnam Jesu
Vom Kreuz ins Grab
Alles vorbei
Kein Sinn
Keine Hoffnung
Kein Leben
Nichts Lebendiges mehr
Schlusspunkt

Blau wie Treue
Braun wie Erde
Schwarz wie Trauer

Tod des Hoffnungsträgers
Des Messias
Unbegreiflich
Schlechte Nachrichten verbreiten sich schnell!

Das Grab
Mit einem schweren Stein
Verschlossen

Maria von Magdala auf dem Weg dorthin
Drei Tage später
Unglaubliche Entdeckung
Der Stein neben dem Grab

Hat jemand den Leichnam Jesu gestohlen?
Das wäre eine Katastrophe
In der Trauer
Verzweifelt läuft sie los...
Zum namenlosen Jünger
„Sie haben den Herrn weggenommen...“

Dann Sprint zum Grab
Der Namenlose kommt an und staunt und glaubt
Simon Petrus noch nicht

Glauben in unterschiedlicher Geschwindigkeit

Und
Wie über etwas reden
Das nicht zu erklären ist
Das der Naturwissenschaft widerspricht
Das keiner gesehen hat
Das nur
Geglaubt werden kann

Und schweigen und beten
Und vertrauen und singen
Und hören und hoffen und weinen
Und sehen und lachen und zweifeln.

Und Schritt für Schritt
Und Gott geht mit

Wie sonst

Auferstehung, Linoldruck und Tusche auf Papier, 120x300 cm

Wilfried Diesterheft-Brehme
Textcollage zu Johannes 20, 24-29

für uns
am Kreuz
gestorben
am dritten Tage
auferstanden
von den Toten

kein Wort darüber
wie die Auferstehung geschah

ein Mysterium
übersteigt
unsere Vorstellungskraft

Jesu Begegnung
mit mehreren Menschen
eindrucksvoll

die Botschaft
Jesus lebt
er ist nicht bei den Toten
Gott hat ihn auferweckt
ist wirklich für euch da

nicht sehen
und glauben
den Sieg des Lebens
über den Tod

bewahrt bleiben
geborgen bleiben

bei Gott

Vergebung erfahren
vollendet werden
bewegt werden

durch Gott

die Dinge des alltäglichen Lebens
im Vertrauen
betrachten
in Tiefe und Weite

in Zukunft

Begegnungen mit dem Auferstandenen, Linoldruck und Tusche auf Papier, 120x300 cm

Wilfried Diesterheft-Brehme
Gedicht zu Lukas 24

Ein Weg
Nicht viel
Gemeinsam einsam

Bewegt sich doch
Der Herr
Und noch

Ist Fragen, Suchen
Eine Spur

Du trittst
Und fühlst

Ihn nah
Bei Dir

Und
Bist Bewegt

Bei Dir

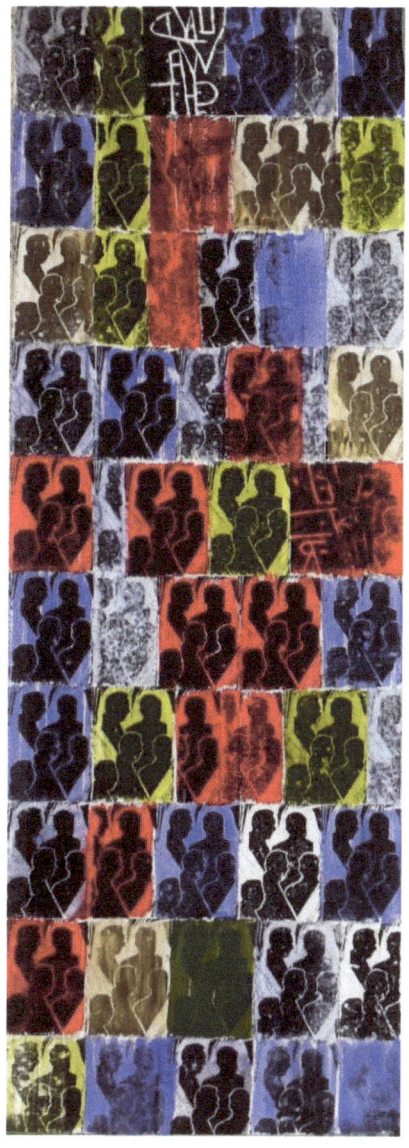

Pfingsten, Linoldruck und Tusche auf Papier, 120x300 cm

Wilfried Diesterheft-Brehme
Predigt Apostelgeschichte 2

Pfingsten ist ein Fest der Bewegung. Es geschah vor rund 2000 Jahren in der Stadt Jerusalem. Die Jünger Jesu sitzen in einem Haus beieinander. Voller Furcht, voller Ungewissheit. Da geschieht plötzlich ein Brausen wie von einem gewaltigen Sturm. Und die Jünger kommen in Bewegung.

Sie beginnen in anderen Sprachen zu sprechen. Sie halten Predigten mitten auf der Straße. So dass es die Leute auf der Straße hören. Und die Leute in den Nachbarhäusern. Und eine Menge strömt dort am Haus zusammen und gerät ins Staunen. Denn jeder hört die Predigten in seiner Sprache. Und jeder versteht. Sehr erstaunlich!

Wenig später hält Petrus seine berühmte Pfingstpredigt. Ganz begeistert hören diese Menschen zu. Sie verstehen, was Petrus sagt. Und dreitausend von ihnen sind so begeistert, dass sie fortan zur christlichen Gemeinde gehören wollen. Sie lassen sich taufen. Und so ist Pfingsten der Geburtstag der Kirche. Von der Urgemeinde wird in der Apostelgeschichte berichtet: „Sie blieben aber beständig in der Lehre der Apostel, und in der Gemeinschaft und im Brotbrechen und im Gebet." (Apostelgeschichte 2, 42).

Wichtig bleibt als verbindendes Element der Glaube an Gott. An ihm können wir uns bis heute orientieren. Im Vertrauen auf ihn können wir neue Kraft schöpfen. Schon beim Propheten Jesaja heißt es:
„So spricht der Herr, der dich geschaffen hat, Jakob, und dich gemacht hat, Israel: Fürchte dich nicht, denn ich habe dich erlöst; ich habe dich bei deinem Namen gerufen, du bist mein. Wenn du durch Wasser gehst, will ich bei dir sein, dass dich die Ströme nicht ersäufen sollen; und wenn du ins Feuer gehst, sollst du nicht brennen, und die Flamme soll dich nicht versengen. Denn ich bin der Herr, dein Gott, der Heilige Israels, dein Heiland." (Jesaja 43, 1-3a).

Wir gehören zu diesem Schöpfergott. Niemand kann uns von ihm trennen. Auch wenn wir sterben, wir bleiben bei ihm. Den Grund dafür hat Petrus damals in seiner Pfingstpredigt genannt: Der Grund ist Jesus Christus. Er ist gekreuzigt, gestorben und begraben und am dritten Tage auferstanden von den Toten. In ihm hat Gott uns seine ganze Freundlichkeit und Liebe gezeigt. Daran können wir glauben.

So schauen wir auf die Farben und Figuren auf dieser Bildbahn. Es sind viele Personen und es können immer noch mehr werden.

So farbenfroh breitet sich der Glaube aus:

BLAU – die Farbe der Treue. Wo hat sich Gott in Ihrem Leben als treu erwiesen? Was hat sich da durch die Jahre hindurchgezogen? Was hat Ihnen Halt und Stütze geboten? Woran konnten Sie sich festhalten?

SCHWARZ – die Farbe der Trauer. Wo haben Sie Wärme und Trost gefunden?

ROT – die Farbe der Liebe. Welche Menschen haben Ihnen immer wieder geholfen?

GRÜN – die Farbe der Hoffnung. Welche Gebete haben Sie in schweren Zeiten getragen?

WEISS – die Farbe des Lichtes. Was oder wer war wie ein Licht auf dunklen Wegen?

Es stärke uns alle die Gemeinschaft in Gott durch Jesus Christus. Sein Geist bewege unsere Gedanken und Gefühle – farbenfroh und in aller Zukunft.

Uwe Matysik
Über die heilsame Wirkung von Kunst

Die sieben Ich bin–Worte gipfeln in diesem einen: „Ich bin das Leben" (Johannes 14, 6). Damit sind die Aussicht und das Versprechen verknüpft, dass eine Orientierung an dieser Perspektive dem eigenen Lebensweg und Lebensentwurf dienlich ist, ja sogar: Voraussetzung für gelingendes Leben darstellt. Auch in allen weiteren Ich bin–Worten drückt Jesus dem Johannesevangelium zufolge einen konzentrierten Selbstanspruch aus. Ihn in diesen symbolischen Aussagen bzw. Sinnbildern zu vermitteln, ist selbst eine Kunst.

In der christlichen Kunstgeschichte ging und geht es auch darum, grundlegende Glaubenszeugnisse so zu interpretieren, dass ihre heilvolle Relevanz und ihr heilsames Potential aktuell zum Vorschein kommen können. Genau das geschieht in den Kunstinstallationen von Wilfried Diesterheft-Brehme. Insofern vermittelt sich auch hier die grundlegende Wahrnehmung des systematischen Theologen Paul Tillich, der von einer „wesenhaften Zusammengehörigkeit von Religion und Kultur" spricht: „Religion ist die Substanz der Kultur, und Kultur ist die Form der Religion." (Systematische Theologie, III, 1966, S. 285).

Im Themenfeld Kunst und Kultur geht es wie in der Religion um eine zeitgemäße Auseinandersetzung und um ein In Beziehung-Sein mit Welt und Gesellschaft. „Gemeinsam ist ihnen die Suche nach Sinn, nach Weite und immer wieder neuen Sichten auf die Wirklichkeit. Kunst und Religion bemühen sich beide um ästhetische Ausdrucksformen." (Kirchenkreiskonzeption „Evangelisch in Essen", 2016, S. 26).

Bezogen auf die Kunstinstallationen von Wilfried Diesterheft-Brehme lassen sich diese Aussagen auch so weiterdenken: Bildung im christlichen Verständnis orientiert sich an Jesus Christus, der „das Bild des unsichtbaren Gottes" (Kolosser 1, 15) beziehungsweise das „Ebenbild seines Wesens" (Hebräer 1, 3) genannt wird. Alle Menschen werden als Ebenbilder des Schöpfergottes wahrgenommen (1. Mose 1, 27).

Doch wie kann dieses oft undeutliche, verzerrte oder sogar zerstörte Bild, das Menschen von sich oder von anderen oder von Gott haben, besser oder anders zur Geltung kommen? Es ist eine Herausforderung, diese Fragestellung auf die Bereiche Krankenhaus oder Altenheim zu beziehen, in denen sich Menschen des Wertes ihres Lebens und der eigenen Würde oft unsicher geworden sind.

Was generell für das Anliegen von Kunst (und den weiteren Begriff der Kultur) gilt, kann für von Krankheit betroffene Menschen heilsame Bedeutung gewinnen. Nach Immanuel Kant bildet Kunst als „freies Spiel" nicht einfach ab, was vor Augen ist, sondern entwickelt einen „Möglichkeitssinn" und richtet den Blick nach vorn (vgl. „Kritik der Urteilskraft", § 9, v.a. S. 216ff).

Karl Barth versteht „Kunst als aufgerichtetes Zeichen der Zukunft" (Ethik II. Vorlesung Münster Wintersemester 1928/29, wiederholt in Bonn, Wintersemester 1930/31, Gesamtausgabe II, S. 439). „Kunst bezieht sich als reines Spiel auf Erlösung." (S. 440). Sie ist nur eschatologisch zu verstehen. In diesem Zusammenhang greift Barth mit Bezug auf Jesaja 65, 17 („Denn siehe, ich will einen neuen Himmel und eine neue Erde schaffen.") den mittelalterlichen Gedanken des Künstlers als einem zweiten Schöpfer auf.

Kunst nimmt im Modus des Unvertrauten Gestalt an. Sie kann theologische Dignität in sich tragen: „Das Wort und Gebot Gottes fordert Kunst." (S. 443) So geht es nach Barth für die Kirche in der Begegnung mit der Kunst um die Glaubwürdigkeit kritischer Zeitgenossenschaft und um die Chance, die Banalisierung ihrer Botschaft zu vermeiden, weil der Kontakt zur Kunst Tiefe verleihen kann. Existentielle Sinnerfahrungen der eigenen Symbole und Geschichten können neu erschlossen werden und als wahrhaftig und relevant erlebt werden.

Dabei ergänzen sich die beiden Pole der Freiheit und der Verantwortung. Zum einen gehören Kunst und Kultur in den „Spielraum der Freiheit". (in: „Widerstand und Ergebung. Briefe und Aufzeichnungen aus der Haft", 2. Aufl., S. 102f). Diese Formulierung von Dietrich Bonhoeffer war das Motto der evangelischen Kirche im Rahmen des Prozesses zur Kulturhauptstadt in Essen und im gesamten Ruhrgebiet im Jahr 2010. Diese Freiheit impliziert, dass Kunst auch verstören darf. Denn es geht ihr darum, neue Sichtweisen zu eröffnen.

Dabei sind Kunst und Kultur zumindest im christlichen Verständnis nie Selbstzweck. Das ist bereits im Begriff Kultur beziehungsweise dem lateinischen cultura enthalten, der ursprünglich vor allem auf die Pflege des Ackerbaus bezogen ist; also einer Tätigkeit in einem Lebensraum, die dem Leben und Überleben der Gemeinschaft dient. Alles diakonische und caritative Wirken der Kirche hat hier seine Wurzeln: eine menschenfreundliche Umgangskultur und Solidarität, Nächstenliebe und das Modell der Caring Communitiy.

Unmittelbar auf das Gesundheitswesen übertragen spiegeln sich künstlerische Freiheit und Verantwortung in den ethischen Prinzipien der Patientenautonomie und Patientenfürsorge wieder. Kunst kann also beispielsweise für Patienten im Krankenhaus und Bewohner im Altenheim heilsam wirken. Längst gehören dort Kreativangebote zum therapeutischen Spektrum. Das passt zur Vermutung von Maxim Gorki: „Die Wissenschaft ist der Verstand der Welt, die Kunst ihre Seele." (nach Wikipedia).

Mitunter erleben wir ja, dass biblische Worte Menschen und ihre Beziehungen einander wieder näherbringen können und sich zerstobener Glaubensmut hoffnungsvoll zusammenfügen kann. Dass die Kunst hier eine großartige Mittlerin sein kann, wird in den Kunstinstallationen von Wilfried Diesterheft-Brehme faszinierend sichtbar.

Uwe Matysik
Ich bin ICH

Es liegt nahe, das „Ich bin" auch so zu ergänzen: Ich bin ICH. Dieser kurze Satz kann sehr unterschiedlich klingen: selbstbewusst und als klares Statement gesprochen, oder zögernd formuliert und von unüberhörbaren Selbstzweifeln durchzogen.

Etwas vereinfacht möchte man dem einem manchmal raten: Nimm dich ruhig mal zurück! Es könnte dich weiterbringen, bewusster auf andere neben dir zu achten. Einen anderen möchte man eher ermuntern: Trau dir ruhig mehr zu! Mach deutlicher, wer du bist und sein möchtest!

Dass Menschen zu sich „ja" sagen können, versteht sich nicht von selbst. Erfolgreich wahrgenommene Lebenswege prägen Menschen anders als leidvolle Wegstrecken. Wie wir mit unseren starken und weniger starken Seiten zurechtkommen, wie wir unsere Macken und Makel bewerten, wie wir mit Lebenslust und Launen umgehen können, das färbt unser Lebensgefühl und unser Selbstwertempfinden sehr unterschiedlich.

Ich bin ICH.

Vom christlichen Glauben treten vor allem zwei biblische Bezüge in den Vordergrund. Einmal die Selbsterkenntnis des Apostels Paulus: „Durch Gottes Gnade bin ich, was ich bin." (1. Korinther 15, 10). Paulus` Auftreten und sein Erscheinungsbild treffen damals ganz offensichtlich nicht nur auf zustimmende Resonanz. Verunsicherung und Selbstzweifel kennt der Apostel daher in hohem Maße. In mancher undankbaren Ausgangslage gibt ihm dieses Wort festen Boden unter die Füße. Es ist die Substanz der frohen Botschaft: Ich bin eine von Gott angenommene Persönlichkeit. Ich bin für Gott wertvoll.

Ich bin ICH.

Das Ich ist nicht zu trennen vom Wir. Ich bin Teil eines größeren Ganzen. Paulus schreibt: „Ihr aber seid Leib Christi und jeder von euch ein Glied." (1. Korinther 12, 27). Diese Gemeinschaft versteht er als ein solidarisches

Wir. In diesem lebendigen Organismus sorgen „die Glieder in gleicher Weise füreinander" (1. Korinther 12, 25). Der Umgang mit den Schwächeren bildet ein zentrales Korrektiv: Diese sollen besondere Achtung und Anerkennung erfahren (1. Korinther 12, 22ff).

Ein anderes, uraltes Bibelwort wirft sein wegweisendes Licht auf diese Perspektiven: „Ich bin, der ich bin." (2. Mose 3, 14). Diese Antwort erhält Mose auf seine an Gott adressierte Frage, mit wem es denn die Menschen zu tun haben und wie sein Name laute. Die göttliche Selbstauskunft dürfen wir wohl so deuten, dass Gott alles andere als ein steinerner Götze oder ein ewiges, in sich selbst ruhendes Geheimnis ist. Gott offenbart sich als unerschöpfliche Quelle der Lebendigkeit. Er ist in sich selbst bewegt und kontaktfreudig. Gott ist frei in seiner Kreativität und zugleich gebunden in seiner Treue zu seiner Schöpfung. Im Zusammenhang des Buches Exodus wird es überdeutlich: Dieser Gott will seine Geschöpfe aus unnötig einengenden Begrenzungen befreien. Dabei bleibt er gebunden an sein Versprechen: „Ich bin, der ich bin". Oder wie sich diese biblischen Worte auch übersetzen lassen: „Ich werde sein, der ich sein werde."

Ich bin ICH

Diese Aussage kann in manchen Zusammenhängen eine Herausforderung für alle Beteiligten sein. Wie etwa werden Menschen mit Behinderung in den unterschiedlichsten Lebensbereichen wahrgenommen? Werden Vielfalt und Verschiedenheit dann als bereichernd erlebt werden - oder eher als belastend und voneinander trennend? Vom christlichen Verständnis ist es eindeutig, dass alle Menschen ihren Platz in der Menschheitsfamilie haben sollen. In unserem Grundgesetz findet sich der klare Anspruch (der die entsprechende UN–Menschenrechtskonvention aufnimmt): „Niemand darf wegen seiner Behinderung benachteiligt werden."
Wie können hier Selbstbestimmung und Teilhabe bestmöglich zur Geltung gebracht werden? Wie können Menschen mit Behinderungen Wertschätzung und Respekt erleben? Die Behindertenrechtskonvention stellt ausdrücklich auch Menschen mit Demenz unter ihren Schutz. Ihre Zahl wird weiter deutlich zunehmen. Die Achtung des vermeintlich Schwachen ist ein Indikator für die Humanität einer jeden Gesellschaft.

Ich bin ICH

Wie klingt dieser Satz im Blick auf junge Menschen? Denn viele Jugendliche orientieren sich an Vorbildern, die eine attraktive Selbstdarstellung vermitteln. Durch die Digitalisierung gewinnen sogenannte Influencer oft erheblichen Einfluss. Ihr Vorbild, das sich vor allem gut in Szene zu setzen weiß, bleibt in aller Regel rein oberflächlich. Hier wird oft die bloße Selbstdarstellung zum entscheidenden Wert an sich. Für ihre Follower gilt es, sich ebenfalls als möglichst fit, anziehend und erfolgreich zu präsentieren, um etwas zu sein. Das Ich bin ICH wird in einer solchen Kultur der Selbstinszenierung „anfällig für einen narzisstischen Egoismus" (Elisabeth Hurth, Deutsches Pfarrerblatt 9/2019, S. 492): Der Einzelne sieht sich selbst als „Maß aller Dinge" (ebd.) und versucht schließlich, einem urmenschlichen Wunsch entsprechend, anderen zu gefallen.

Da spricht das christlich orientierte Ich bin ICH eine andere Sprache. Ich bin, weil Gott mich wertschätzt und tatsächlich liebt. Ich bin ICH, wenn ich mich am Vorbild Jesu ausrichte: „Liebe Gott und deinen Nächsten wie dich selbst." (Matthäus 22, 37–40).

Was bleibt?
Etwas
Was?
Das
Das bleibt
Und wird
Zu Etwas
Neuem
Von Neuem

Was ist
Das ist
Was ist?
Genau Das
Vergeht
Und war
Doch was?

Kreuz, Bleiplatten und Eisenstange mit Acrylfarbe, 30x40 cm

Informationen zu den Autoren

Wilfried Diesterheft-Brehme hat Evangelische Theologie in Bonn und Marburg studiert. Er ist Pfarrer der Evangelischen Kirche im Rheinland, und dort insbesondere in der Altenheim- und Krankenhausseelsorge tätig. Diesterheft-Brehme absolvierte seine künstlerische Ausbildung in Playing Arts im Burckhardt Haus Gelnhausen. Er arbeitet in seinem Atelier in Düsseldorf. www.diesterheft-brehme.de

Kirchrauminstallationen:

2019 VERTRAUEN, Heilig-Geist-Kapelle, Universitätsklinikum, Düsseldorf
2018 ICH BIN, Krankenhauskapelle, Huyssensstift, Essen
2017 OMEGA BLUE, Emmauskapelle, Düren
2017 ES WERDE LICHT, Ev. Kirche, Lintorf
2017 ICH BIN, Ev. Gnadenkirche, Mülheim
2017 WAS WAR WAS BLEIBT, Ev. Versöhnungskirche, Ratingen
2015 OMEGA, Ev. Kirche Amern, Schwalmtal
2015 Projekt „himmelwärts - religiöses Leben an Rhein und Maas"
2014 OMEGA, Krankenhauskapelle, Universitätsklinikum, Essen
2012 FACE TO FACE, Ev. Kirche Angermund, Düsseldorf
2011 LEICHTSINN, Ev. Erlöserkirche, Siegburg
2010 LEICHTSINN, Ev. Kirche, Lintorf
2009 FEDERLEICHTES, Ev. Erlöserkirche, Essen
2009 FEDERLEICHTES, Ev. Erlöserkirche, Langenfeld

Uwe Matysik hat Evangelische Theologie in Münster, Heidelberg und Tübingen studiert. Nach dem Vikariat in Köln ist er viele Jahre Gemeindepfarrer in Essen gewesen. Seit 2011 arbeitet Matysik als Krankenhausseelsorger an den Evangelischen Kliniken Essen–Mitte. Die Begegnungen mit Bildern und Kunstmotiven erlebt er gerade im Kontakt zu Patienten, Angehörigen und Mitarbeitenden als inspirierend und potentiell heilsam.

„Ich danke dir dafür,
dass ich wunderbar gemacht bin;
wunderbar sind deine Werke;
das erkennt meine Seele."

(Psalm 139, 14)

„Aber durch Gottes Gnade bin ich,
was ich bin."

(1. Konrinther 15, 10a)

Zeitfracht Medien GmbH
Ferdinand-Jühlke-Straße 7
99095 Erfurt, Deutschland
produktsicherheit@kolibri360.de